PASSIVES EINKOMMEN

Wie Sie finanzielle Freiheit erreichen

Philipp Frühwirth

INHALT

WARUM PASSIVES EINKOMMEN WICHTIG IST UND WIE ES DEIN LEBEN VERÄNDERN KANN

Passives Einkommen ist ein wichtiger Begriff, der in den letzten Jahren zunehmend an Bedeutung gewonnen hat. Im Gegensatz zu einem herkömmlichen Job, der auf den Tausch von Zeit gegen Geld basiert, ermöglicht es passives Einkommen, auf eine effektive Art und Weise mehrere Einkommensströme zu generieren, ohne dafür kontinuierlich arbeiten zu müssen. In diesem Kapitel werden wir uns genauer mit dem Begriff passives Einkommen befassen und warum es so wichtig ist, dieses Konzept zu verstehen.

Ein großer Vorteil von passivem Einkommen ist die Tatsache, dass dieses Konzept vielen Menschen weltweit ermöglicht, finanzielle Freiheit zu erlangen. Es gibt vielen Menschen die Flexibilität, ihr Leben nach ihren Wünschen zu gestalten, ohne sich Sorgen über ihre finanzielle Sicherheit machen zu müssen. Durch passives Einkommen kann man sich beispielsweise ein Business aufbauen und so genügend Einkommen generieren, um sich eine gewisse Freiheit zu erlauben. Dies kann beispielsweise bedeuten, dass man weniger Stunden arbeiten muss, um den gewünschten Lebensstandard zu erreichen.

Ein weiterer Vorteil von passivem Einkommen ist, dass es viele verschiedene Formen annimmt und somit für jeden Erwerbstätigen zugänglich ist. Es gibt beispielsweise die Möglichkeit, passives Einkommen durch Investitionen in Aktien, Immobilien oder andere Assets zu generieren. Man kann auch ein Online-Business aufbauen, indem man eine E-Commerce-Seite auf einer vorhandenen Plattform oder auf einer eigenen Website erstellt und somit ein passives Einkommenstream generiert. Andere Möglichkeiten sind beispielsweise das Verkaufen von digitalen Produkten oder Dienstleistungen.

Ein weiterer Vorteil von passivem Einkommen ist die Tatsache, dass es Ihnen mehr Zeit gibt, um sich auf wichtige Dinge im Leben zu konzentrieren. Beispielsweise können Sie mehr Zeit mit Ihrer Familie verbringen, Ihre Hobbys ausüben oder einfach nur entspannen und das Leben genießen. Durch die Möglichkeit, passives Einkommen zu generieren, müssen Sie sich keine Gedanken darüber machen, wie Sie Ihr Einkommen aufrechterhalten können, wenn Sie krank sind oder andere wichtige Verpflichtungen haben.

Insgesamt sind die Vorteile von passivem Einkommen unübertroffen. Es gibt viele verschiedene Wege, um passives Einkommen zu generieren, und das Konzept kann Ihnen in vielerlei Hinsicht helfen, um finanzielle Freiheit, Zeit und Flexibilität zu erlangen. Wenn Sie lernen, wie Sie passives Einkommen erzeugen können, kann dies Ihr Leben auf eine unschätzbare Art und Weise verändern.

DIE GRUNDLAGEN DES PASSIVEN EINKOMMENS: WAS ES IST UND WIE ES FUNKTIONIERT

Passives Einkommen ist eine Einkommensquelle, bei der man Geld verdient, ohne aktiv zu arbeiten oder Zeit zu investieren. Im Gegensatz zu einem traditionellen Job, bei dem man in der Regel ein festes Gehalt für die geleistete Arbeitszeit erhält, wird das passive Einkommen durch die Investition von Zeit, Geld oder Ressourcen in eine Einkommensquelle generiert, die langfristig Einnahmen erzielt.

Es gibt viele verschiedene Formen von passivem Einkommen, wie beispielsweise Investitionen in Aktien, Immobilien oder Unternehmen. Aber auch der Verkauf von digitalen Produkten wie E-Books, Online-Kursen oder Apps kann eine Möglichkeit für passives Einkommen sein.

Das Grundprinzip des passiven Einkommens ist, dass es Zeit und Mühe erfordert, um ein System aufzubauen, das langfristige Einnahmen generiert. Aber sobald das System eingerichtet ist, läuft es automatisch weiter, ohne dass man ständig aktiv daran arbeiten muss.

Ein Beispiel für passives Einkommen könnte eine Mietimmobilie sein. In diesem Fall muss der Eigentümer Zeit und Geld in den Kauf, die Renovierung und die Vermietung der Immobilie investieren. Aber sobald die Mieteinnahmen beginnen, wird das passive Einkommen kontinuierlich generiert, ohne dass der Eigentümer weiterhin aktiv daran beteiligt sein muss.

In unserem hektischen Alltag wird die Generierung von passivem Einkommen immer wichtiger. Viele Menschen wollen ihr Einkommen erhöhen oder finanzielle Unabhängigkeit erreichen, ohne dafür einen zusätzlichen Vollzeit-Job ausüben zu müssen. Mit dem passiven Einkommen können Sie einen Ausgleich zwischen Arbeit und Freizeit schaffen und sich mehr Freiheit verschaffen, um Ihre Freizeit nach Ihren Wünschen zu gestalten.

Die Grundlagen für passives Einkommen sind einfach, aber um ein nachhaltiges Einkommen zu generieren, muss man Zeit und Mühe in den Aufbau der Einkommensquelle investieren. Es gibt viele verschiedene Arten von passivem Einkommen und es ist wichtig, die richtige für Ihr Leben und Ihre Ziele zu finden.

Mit einer klugen Strategie und einer gewissenhaft betriebenen Investition kann man ein stabiles Einkommen aufbauen und sich finanziell unabhängiger fühlen. In den folgenden Kapiteln werden wir uns verschiedene Wege anschauen, wie man passives Einkommen generieren kann und wie man es erfolgreich aufbauen kann.

DIE VORTEILE VON PASSIVEM EINKOMMEN IM VERGLEICH ZU EINEM HERKÖMMLICHEN JOB

Ein herkömmlicher Job kann zwar finanzielle Sicherheit bieten, jedoch kann dies oft auf Kosten von Zeit und Freiheit gehen. Im Gegensatz dazu bietet passives Einkommen viele Vorteile gegenüber einem traditionellen Job.

1. Zeit - Zeit ist eine der wertvollsten Ressourcen, die wir haben. Mit einem regulären Job müssen Sie oft acht Stunden oder mehr pro Tag arbeiten. Mit passivem Einkommen können Sie Ihr Geld verdienen, ohne an einen Arbeitsplatz gebunden zu sein. Sie können von jedem Ort der Welt aus arbeiten oder einfach Zeit mit Ihren Liebsten verbringen, während das Geld passiv hereinkommt.

2. Finanzielle Freiheit - Die meisten herkömmlichen Jobs haben ein festes Gehalt, und es kann schwierig sein, Gehaltserhöhungen oder Boni zu erhalten. Mit passivem Einkommen gibt es praktisch keine Beschränkung, wie viel Sie verdienen können. Das bedeutet, dass Sie Ihre finanziellen Ziele schneller erreichen können und ein Leben mit mehr finanzieller Freiheit führen können.

3. Skalierbarkeit - Mit einem herkömmlichen Job sind Ihre Verdienstmöglichkeiten oft begrenzt. Mit passivem Einkommen können Sie Ihr Einkommensniveau skalieren. Wenn Sie eine erfolgreiche passive Einkommensquelle haben, können Sie die Einnahmen erhöhen, indem Sie Ihre Investitionen steigern oder indem Sie mehr Zeit in andere Einkommensquellen investieren.

4. Risikominimierung - Ein herkömmlicher Job kann risikoreicher sein als passives Einkommen. Wenn Sie von einem Job

entlassen werden, können Sie plötzlich ohne Einkommen dastehen. Mit passivem Einkommen können Sie Ihr Einkommen diversifizieren und so das Risiko minimieren. Wenn Ihre passive Einkommensquelle nicht gut läuft, können Sie einfach eine neue Quelle suchen, ohne dass Ihr gesamtes Einkommen betroffen ist.

5. Kontrolle - Mit passivem Einkommen haben Sie mehr Kontrolle darüber, wie Sie Ihr Geld verdienen. Bei einem traditionellen Job müssen Sie möglicherweise Dinge tun, die Ihnen nicht gefallen oder bei denen Sie keine Kontrolle darüber haben. Mit passivem Einkommen können Sie Ihre Einnahmen auf eine Weise steigern, die Ihnen gefällt und die mit Ihren Lebenszielen und Werten übereinstimmt.

6. Flexibilität - Mit einem herkömmlichen Job sind Sie möglicherweise an einen bestimmten Arbeitsplatz und eine bestimmte Arbeitszeit gebunden. Mit passivem Einkommen können Sie Ihre Arbeitszeit und Ihren Arbeitsort selbst wählen und so ein flexibleres Leben führen. Sie können Reisen, Freizeitaktivitäten oder andere Verpflichtungen in Ihren Zeitplan integrieren, ohne Ihren Arbeitsplatz verlassen zu müssen.

Insgesamt bietet passives Einkommen viele Vorteile gegenüber einem herkömmlichen Job. Indem Sie Ihre Einkommensquellen diversifizieren und passives Einkommen generieren, können Sie finanzielle Freiheit erreichen und ein flexibleres Leben führen.

WIE MAN MIT PASSIVEM EINKOMMEN FINANZIELLE FREIHEIT ERREICHT

Passives Einkommen kann der Schlüssel zur finanziellen Freiheit sein. Wenn Sie Ihr Geld für Sie arbeiten lassen, anstatt Zeit gegen Geld zu tauschen, können Sie sich auf lange Sicht ein Vermögen aufbauen. Hier sind ein paar Tipps, wie Sie mit passivem Einkommen finanzielle Freiheit erreichen können:

1. Setzen Sie sich klare Ziele: Bevor Sie mit der Erzeugung von passivem Einkommen beginnen, sollten Sie sich klare finanzielle Ziele setzen. Überlegen Sie sich, wie viel Geld Sie benötigen, um Ihre laufenden Ausgaben zu decken und welche langfristigen Ziele Sie haben, wie z.B. den Kauf eines Hauses oder die Gründung eines eigenen Unternehmens.

2. Investieren Sie in verschiedene passive Einkommensquellen: Eine der besten Möglichkeiten, finanzielle Freiheit durch passives Einkommen zu erreichen, ist die Diversifikation Ihrer Einkommensquellen. Legen Sie Ihr Geld in verschiedene Anlageklassen an, wie z.B. in Immobilien, Aktien oder Peer-to-Peer-Lending.

3. Seien Sie geduldig: Passives Einkommen kann Zeit benötigen, um sich aufzubauen. Seien Sie geduldig und diszipliniert und arbeiten Sie kontinuierlich an Ihrer passiven Einkommensstrategie. Sie werden irgendwann die Früchte Ihrer Arbeit ernten.

4. Überdenken Sie Ihre Ausgaben: Um finanzielle Freiheit zu erreichen, müssen Sie Ihre Ausgaben im Blick behalten und gegebenenfalls reduzieren. Schauen Sie sich an, wo Sie unnötige

Ausgaben haben und wo Sie sparen können.

5. Investieren Sie in sich selbst: Sie sind Ihre beste Investition. Bilden Sie sich kontinuierlich weiter und entwickeln Sie Ihre Fähigkeiten. Je mehr Sie wissen und können, desto mehr Gelegenheiten werden Sie haben, passives Einkommen zu generieren.

6. Bleiben Sie fokussiert: Es ist leicht, in der Welt des passiven Einkommens von Ablenkungen abgelenkt zu werden. Stellen Sie sicher, dass Sie sich auf Ihre Ziele konzentrieren und lasen Sie sich von kurzfristigen Erfolgen oder Rückschlägen nicht entmutigen.

Wenn Sie diese Tipps befolgen, können Sie finanzielle Freiheit durch passives Einkommen erreichen. Es erfordert Disziplin und Geduld, aber die Belohnungen sind enorm. Mit passivem Einkommen können Sie unabhängig von Ihrem Job und anderen äußeren Faktoren ein stabiles Einkommen generieren.

MODELLIEREN SIE IHR PASSIVES EINKOMMEN - WARUM SIE EIN MODELL BENÖTIGEN UND WIE SIE ES ENTWICKELN KÖNNEN

Ein Modell für passives Einkommen ist eine Karte oder Blaupause, die Ihnen hilft, Ihre Ziele zu erreichen. Es ist wie eine Strategie, die Ihnen hilft, Ihre passive Einkommensströme zu entwickeln und zu optimieren. Ohne ein Modell können Sie Ihre Ressourcen, wie Zeit und Geld, verschwenden. Ihr passive Einkommensmodell wird Ihnen helfen, Ihr Geld und Ihre Zeit effektiv zu nutzen und Ihre Ziele schneller zu erreichen.

Hier sind einige Gründe, warum Sie ein passives Einkommensmodell benötigen:

1. Es hilft Ihnen, Ihre Einnahmen zu maximieren:

Mit einem Modell für passives Einkommen können Sie Ihre Einnahmen optimieren und vermeiden, dass Sie Zeit und Ressourcen verschwenden. Sie können darauf vertrauen, dass Sie Ihre Zeit und Ihr Geld in die richtigen Lösungen investieren.

2. Es spart Ihnen Zeit:

Ohne ein Modell für passives Einkommen können Sie Zeit und Ressourcen verschwenden, indem Sie versuchen, passives Einkommen ohne klare Strategie zu generieren. Mit einem Modell können Sie Zeit sparen, indem Sie sich auf die am besten geeigneten Einkommensquellen konzentrieren.

3. Es hilft Ihnen, Ziele zu erreichen:

Ihr passives Einkommensmodell wird Ihnen helfen, Ihre Ziele zu erreichen, indem Sie klare Schritte zur Erreichung dieser Ziele definieren. Ihr Modell kann auch Anreizstrukturen beinhalten, die Sie daran erinnern, Ihre Ziele im Auge zu behalten und sich auf die Schritte zu konzentrieren, die nötig sind, um diese zu erreichen.

Wie entwickeln Sie ein Modell für passives Einkommen?

1. Identifizieren Sie Ihre Einkommensströme:

Finden und identifizieren Sie Einkommensströme, die für Sie geeignet sind und die Sie in Betracht ziehen möchten. Überlegen Sie sich, welche Informationen Sie benötigen, um Ihre Einnahmen aus passiven Einkommensquellen zu verfolgen und zu aktualisieren.

2. Bestimmen Sie, wie Sie passives Einkommen erzeugen werden:

Wie werden Sie passives Einkommen erzeugen? Sie können es durch den Verkauf von digitalen Produkten, Investitionen in Immobilien, Beteiligungen an Unternehmen oder durch Affiliate-Marketing erreichen. Sie müssen die Methoden analysieren, die für Sie am besten geeignet sind, Ihre Fähigkeiten und Erfahrungen berücksichtigen und Ihre finanziellen Ziele erreichen.

3. Legen Sie Ihre Ziele fest:

Legen Sie Ihre Ziele für passives Einkommen fest und definieren Sie, wann Sie diese erreicht haben möchten. Berücksichtigen Sie, wie viel Geld Sie zum Leben und für zukünftige Investitionen benötigen und ob Ihre Anstrengungen genug sein werden, um Ihre langfristigen Ziele zu erreichen.

4. Erstellen Sie einen Aktionsplan:

Entwerfen Sie einen Aktionsplan, der Schritte enthält, die Sie für jede Einkommensquelle unternehmen müssen. Es kann auch nützlich sein, ein Budget für jede Einkommensquelle zu erstellen, um sicherzustellen, dass Ihre Ausgaben im Verhältnis zu Ihren Einnahmen stehen.

5. Prüfen Sie Ihre Fortschritte regelmäßig:

Überwachen Sie Ihre Fortschritte genau, damit Sie Änderungen vornehmen können, falls notwendig. Seien Sie flexibel und passen Sie Ihr Modell für passives Einkommen an, wenn sich Ihre finanziellen Ziele und Notwendigkeiten ändern.

Ein Modell für passives Einkommen zu erstellen, ist notwendig, um Ihre finanzielle Freiheit zu erreichen und Ihre Ziele zu erreichen. Nehmen Sie sich die Zeit, herauszufinden, welche Einkommensquellen für Sie am besten geeignet sind und erstellen Sie ein Modell, das Ihnen hilft, den besten Weg zur Erreichung Ihrer Ziele zu finden.

5 MÖGLICHKEITEN, PASSIVES EINKOMMEN ZU VERDIENEN – UND WIE SIE SIE UMSETZEN KÖNNEN

Passives Einkommen ist ein großartiger Weg, um finanzielle Freiheit und Unabhängigkeit zu erreichen. Doch was sind die besten Möglichkeiten, passives Einkommen zu generieren? Hier stellen wir Ihnen 5 verschiedene Möglichkeiten vor und zeigen Ihnen, wie Sie sie erfolgreich umsetzen können.

1. Investitionen in Immobilien: Eine der bekanntesten Möglichkeiten, passives Einkommen zu verdienen, ist der Kauf von Immobilien. Sie können entweder eine Immobilie kaufen und sie vermieten oder Sie können in eine Immobilieninvestmentgesellschaft investieren. Beide Optionen bieten eine solide Rendite und die Möglichkeit, Ihr Portfolio zu diversifizieren. Sie sollten sich jedoch umfangreich über den Immobilienmarkt und die spezifischen Vorschriften in Ihrer Region informieren.

2. Aktien und Fonds: Eine weitere Möglichkeit, passives Einkommen zu verdienen, ist durch den Kauf von Aktien und Fonds. Wenn Sie in solide Unternehmen investieren oder in Fonds eintauchen, die auf Dividendenzahlungen ausgerichtet sind, können Sie im Laufe der Zeit ein stetiges Einkommen erzielen. Sie müssen jedoch darauf achten, dass Sie in qualitative Wertpapiere investieren, um Ihre Investitionen auf lange Sicht zu erhalten.

3. Affiliate-Marketing: Affiliate-Marketing ist eine beliebte Methode, um online passives Einkommen zu generieren. Sie bewerben die Produkte und Dienstleistungen von Unternehmen

und erhalten eine Provision für jeden Verkauf, der über Ihre Werbung generiert wird. Wenn Sie eine starke Online-Präsenz haben oder ein Expertenwissen in einem bestimmten Bereich haben, könnte dies eine lukrative Option sein.

4. Erstellen Sie digitalen Inhalt: Wenn Sie gerne Artikel schreiben, Podcasts machen oder Videos produzieren, können Sie passives Einkommen durch den Verkauf dieser Inhalte verdienen. Sie können beispielsweise ein E-Book verkaufen oder eine Abonnement-basierte Plattform starten, auf der Ihre Inhalte gegen eine monatliche Gebühr zugänglich gemacht werden. Es gibt viele Möglichkeiten, digitale Inhalte zu monetarisieren, und es hängt alles von Ihrem Wissen und Ihrer Leidenschaft ab.

5. Erstellen Sie eine Online-Kurs: Wenn Sie über Kenntnisse oder Fähigkeiten verfügen, die andere gerne lernen möchten, können Sie einen Online-Kurs erstellen. Es mag zwar eine Menge Arbeit erfordern, um den Kurs zu erstellen, aber sobald er online ist, kann er potenziell unendlich oft verkauft werden. Indem Sie Ihre Expertise in einem Feld nutzen, können Sie nicht nur passives Einkommen generieren, sondern auch andere helfen, ihre Ziele zu erreichen.

Fazit

Die Möglichkeiten, passives Einkommen zu verdienen, sind vielfältig und können jeden auf seiner Reise zur finanziellen Freiheit unterstützen. Bevor Sie jedoch eine Option wählen, sollten Sie sorgfältig abwägen, welche am besten zu Ihren Fähigkeiten, Ihrem Wissen und Ihren finanziellen Bedürfnissen passt. Ganz egal, wie Sie sich entscheiden, es erfordert allemal harten Arbeit und Durchhaltevermögen.

DIE BESTEN PASSIVEN EINKOMMENSQUELLEN FÜR ANFÄNGER - EIN ÜBERBLICK

Das Aufbauen eines passiven Einkommens kann der Schlüssel zur Erreichung der finanziellen Freiheit sein. Wenn Sie jedoch noch neu in diesem Bereich sind, kann es schwierig sein zu wissen, wo Sie anfangen sollen. Daher ist es wichtig, die besten passiven Einkommensquellen für Anfänger kennenzulernen.

1. Immobilieninvestitionen

Investitionen in Immobilien können eine hervorragende Möglichkeit sein, passives Einkommen zu generieren. Sie können entweder in Eigentumswohnungen, Mehrfamilienhäuser oder sogar in Gewerbeimmobilien investieren. Wenn Sie in eine Immobilie investieren, können Sie Mieteinnahmen erzielen, die regelmäßig auf Ihr Bankkonto fließen.

Achten Sie jedoch darauf, dass Sie das nötige Kapital und Know-how haben, um in Immobilien zu investieren. Es ist auch wichtig, eine umfassende Marktanalyse durchzuführen und die Mitbewerber gründlich zu evaluieren, um sicherzustellen, dass Ihre Investition erfolgreich ist.

2. Dividendenaktien

Dividendenaktien sind Aktien von Unternehmen, die einen Teil ihres Gewinns an ihre Aktionäre auszahlen. Durch den Kauf von Dividendenaktien können Sie regelmäßig passives Einkommen verdienen, ohne dass Sie sich aktiv kümmern müssen.

Es ist jedoch wichtig, die richtigen Unternehmen auszuwählen, in die Sie investieren möchten. Sie sollten sich auf Unternehmen konzentrieren, die nicht nur eine Dividendenausschüttung haben, sondern auch eine starke Bilanz und unternehmerischen Plan.

3. Peer-to-Peer-Kredite

Peer-to-Peer-Kredite sind eine relativ neue Möglichkeit, passives Einkommen zu verdienen. Sie fungieren als Vermittler zwischen Kreditnehmern und Anlegern, wobei Sie in Kredite an Kreditnehmer investieren und die Zinsen erhalten, die diese auf die Kredite zahlen.

Beachten Sie jedoch, dass dieser Ansatz mit einem höheren Risiko verbunden sein kann. Stellen Sie sicher, dass Sie das nötige Kapital haben, um in Kredite zu investieren, und untersuchen Sie die Kreditnehmer gründlich, bevor Sie eine Entscheidung treffen.

4. eBooks und Online-Kurse

Wenn Sie ein Experte auf einem bestimmten Gebiet sind, können Sie ein eBook oder einen Online-Kurs erstellen und es online verkaufen. Die Erstellung des Kurses erfordert zwar viel Zeit und Arbeit, aber sobald das Projekt abgeschlossen ist, können Sie passives Einkommen aus den Verkäufen verdienen.

5. Affiliate-Marketing

Affiliate-Marketing ist der Verkauf von Produkten anderer Unternehmen auf Ihrer eigenen Website oder Ihrem eigenen Blog. Für jeden Verkauf, der über Ihren Affiliate-Link getätigt wird, erhalten Sie eine Provision.

Es ist wichtig, nur Produkte zu empfehlen, von denen Sie überzeugt sind, und Ihre Empfehlungen auf fundierten Erfahrungen zu begründen.

Diese fünf passiven Einkommensquellen bieten Anfängerinnen und Anfängern eine gute Basis, um zu beginnen. Informieren Sie sich jedoch vorab eingehend, bevor Sie in eine dieser Quellen investieren, um die Risiken zu verstehen und die besten Ergebnisse zu erzielen.

WIE SIE EINE NISCHE FINDEN, UM MIT IHREM PASSIVEN EINKOMMEN ZU STARTEN

Wenn es darum geht, passives Einkommen zu generieren, geht es darum, eine Einkommensquelle zu finden, die nicht sofort aufhört zu fließen, sobald Sie aufhören, dafür zu arbeiten. Eine häufige Frage, die sich viele Menschen stellen, ist: "Wie finde ich eine Nische, um mit meinem passiven Einkommen zu starten?"

Es gibt eine Vielzahl von Möglichkeiten, eine Nische zu finden, um mit Ihrem passiven Einkommen zu beginnen. In diesem Kapitel werden wir verschiedene Ansätze und Strategien diskutieren, um Ihnen dabei zu helfen, eine Einkommensquelle zu finden, die Ihren Interessen und Fähigkeiten entspricht.

1. Think Big

Eine der besten Möglichkeiten, eine Nische für passives Einkommen zu finden, besteht darin, groß zu denken. Stellen Sie sich die Frage: Was sind die Probleme, die die Menschen haben? Welche Bedürfnisse haben sie? Kannst du helfen, diese Bedürfnisse auf eine Weise zu erfüllen, die gleichzeitig profitable und passiv ist? Das Wichtigste ist, dass Sie eine Idee haben, die sich auf Ihre Stärken stützt und potenziell eine breitere Zielgruppe anspricht.

2. Nimm deine Leidenschaften und Hobbys in Angriff

Eine weitere Möglichkeit, eine Nische zu finden, besteht darin, sich auf Ihre Hobbys und Leidenschaften zu konzentrieren. Wenn Sie etwas gerne tun, dann ist es wahrscheinlicher, dass Sie es fortsetzen und davon auch profitieren werden. Überlegen Sie sich, welche Aktivitäten Sie gerne in Ihrer Freizeit ausführen oder welche Fähigkeiten Sie haben, und prüfen Sie, ob Sie mit diesen Fähigkeiten passives Einkommen generieren können.

3. Forschen Sie auf Plattformen wie YouTube, Udemy oder Amazon

Eine weitere Methode, um eine Nische zu finden, besteht darin, Trends auf Plattformen wie YouTube, Udemy oder Amazon zu recherchieren. Diese Plattformen bieten großartige Einblicke in die Bedürfnisse und Interessen der Menschen. Sie können das Angebot des Marktes durchsehen und überlegen, wie Sie dem Markt einzigartige und nützliche Inhalte bieten könnten.

4. Lernen Sie von anderen

Schauen Sie sich an, was andere in ähnlichen Nischen tun, um passive Einkommensströme zu generieren. Dies können Blog-Autoren, YouTuber oder Kurs-Ersteller sein. Sehen Sie sich deren Strategien und Ansätze an und überlegen Sie, wie Sie diese auf Ihre eigenen Interessen anwenden können. Natürlich sollten Sie darauf achten, dass Sie Ihre eigenen Ideen und Strategien einbringen, um sich von der Konkurrenz abzuheben.

5. Verwenden Sie Tools, um Trends zu identifizieren

Es gibt Tools, die Ihnen bei der Identifizierung von Trends und Themen helfen können, die auf den verschiedenen Plattformen populär sind. Einige davon sind Google Trends, Reddit und Social-Media-Plattformen. Mit diesen Tools können Sie erkennen, welche Themen und Interessen Menschen haben, und daraus ableiten, welche nützlichen Inhalte Sie anbieten könnten, um passives Einkommen zu generieren.

Zusammenfassend gibt es viele Möglichkeiten, eine Nische zu finden, um mit passivem Einkommen zu beginnen. Die wichtigsten Faktoren sind, dass Sie eine Idee haben, die sich auf Ihre Stärken und Fähigkeiten stützt, die Bedürfnisse der Menschen anspricht und Ihnen Freude bereitet, das alles während

Sie Ihren eigenen Ansatz und Strategie entwickeln, um sich von der Konkurrenz abzuheben. Mit diesen Ansätzen können Sie Ihre erste passive Einkommensquelle finden, die Ihnen ein stabiles und dauerhaftes Einkommen bietet.

INVESTIEREN SIE IHR PASSIVES EINKOMMEN FÜR LANGFRISTIGEN ERFOLG

Wenn Sie ein passives Einkommen generieren möchten, ist es entscheidend, dass Sie Ihr Geld klug investieren. In diesem Kapitel erfahren Sie, wie Sie Ihr erarbeitetes passives Einkommen langfristig investieren können, um finanziellen Erfolg zu erreichen.

Zunächst gilt es, dass Sie die verschiedenen Arten von Investitionen kennen. Hierzu zählen beispielsweise Aktien, Anleihen, Fonds, Immobilien und Kryptowährungen. Jede Investition hat ihre eigenen Vor- und Nachteile, daher ist es ratsam, sich mit den verschiedenen Optionen vertraut zu machen und herauszufinden, welche für Ihre persönliche Situation am besten geeignet ist.

Eine der besten Optionen, um Ihr passives Einkommen langfristig zu investieren, ist eine Diversifikation. Das bedeutet, dass Sie Ihr geerbtes Einkommen auf verschiedene Anlageklassen verteilen sollten, um das Risiko zu minimieren. Die Einrichtung eines Portfolios mit verschiedenen Investitionsarten kann dabei helfen, Ihre Investitionen zu diversifizieren. So sollten Sie zum Beispiel Aktien, Anleihen, Fonds und Immobilien in Ihrem Portfolio haben.

Eine weitere wichtige Überlegung bei der Investition in passives Einkommen ist ein Time Horizon. Dies bedeutet, dass Sie den Zeitraum definieren müssen, in dem Sie Ihr Geld investieren möchten. Wenn Sie beispielsweise in den Ruhestand gehen möchten, sollten Sie ein Portfolio aufbauen, das auf eine längere

Frist abzielt.

Zu guter letzt sollten Sie sich auch mit dem Risiko auseinandersetzen. Jede Investition birgt ein gewisses Risiko, ob es sich um Aktien, Fonds oder Immobilien handelt. Es ist wichtig, dass Sie das Risiko verstehen und sich bewusst sind, dass höhere Gewinne in der Regel mit höherem Risiko einhergehen.

Insgesamt gilt es zu beachten, dass ein klares Verständnis von Investitionen und Finanzen notwendig ist, um Ihr passives Einkommen in eine erfolgreiche Investition umzuwandeln. Wenn Sie diese Tipps befolgen, können Sie im Laufe der Zeit ein solides passives Einkommen aufbauen und finanzielle Freiheit erreichen. Informieren Sie sich ausreichend, bevor Sie Ihr Geld investieren und scheuen Sie nicht davor zurück, professionelle Hilfe in Anspruch zu nehmen, wenn Sie sich unsicher sind.

VERMEIDEN SIE DIESE FEHLER, WENN SIE PASSIVES EINKOMMEN GENERIEREN

Wenn Sie nach passivem Einkommen suchen, gibt es eine Fülle von Möglichkeiten, dies zu erreichen. Dennoch sollte man sich bewusst sein, dass es auch potenzielle Fallstricke gibt. Im Folgenden sind einige der häufigsten Fehler aufgeführt, die Sie vermeiden sollten, wenn Sie passives Einkommen generieren möchten.

1. Fehlendes Verständnis für die zugrundeliegende Geschäftsdynamik

Keine passives Einkommenquelle ist ohne Risiken. Bevor Sie in eine Einkommensquelle investieren oder Zeit in eine neue Einkommensquelle investieren, sollten Sie sich über deren Funktionsweise und Dynamik informieren. Dies umfasst auch eine Kenntnis der zugrundeliegenden Industrie oder Branche. So können Sie sicherstellen, dass Ihre Investitionen nicht nur passives Einkommen generieren, sondern auch langlebig sind.

2. Fehlende Diversifikation

Eine häufige Falle besteht darin, dass man sein passives Einkommen in nur eine Quelle investiert. Dies kann jedoch ein enormes Risiko darstellen. Stellen Sie sicher, dass Ihr passives Einkommen aus verschiedenen Quellen generiert wird, um das Risiko und die Instabilität zu minimieren. Eine gute Diversifikation kann auch dazu beitragen, Ihr Einkommen widerstandsfähiger gegen wirtschaftliche Schwankungen zu machen.

3. Fehlende Geduld

Passives Einkommen erfordert in der Regel eine gewisse Menge an Zeit und Geduld, bevor es generiert wird. Ein Fehler besteht darin, dass man schnell aufgibt, wenn sich das passive Einkommen nicht sofort einstellt. Stellen Sie sicher, dass Sie realistische Erwartungen haben und geben Sie Ihrem passiven Einkommen genügend Zeit, um sich zu entwickeln und zu wachsen.

4. Unzureichende Marktanalyse

Es ist wichtig, Ihre potenziellen passiven Einkommensquellen sorgfältig zu analysieren und abzuwägen. Eine unzureichende Marktanalyse kann dazu führen, dass Sie eine Wahl treffen, die möglicherweise nicht langfristig tragbar ist. Nehmen Sie sich Zeit, um Marktanalysen durchzuführen und Risiken abzuschätzen, bevor Sie in eine passive Einkommensquelle investieren.

5. Unzureichende Zeitmanagement-Techniken

Ein weiterer häufiger Fehler bei der Generierung von passivem Einkommen ist ein unzureichendes Zeitmanagement. Dies kann zu einem Mangel an Produktivität führen und Sie daran hindern, das volle Potenzial Ihrer passiven Einkommensquellen auszuschöpfen. Es ist wichtig, Zeitmanagement-Techniken zu erlernen, um sicherzustellen, dass Sie Ihre Zeit effektiv nutzen.

Abschließend gilt es zu sagen, dass diese Fehler alle vermieden werden können, wenn Sie sich bewusst sind über Ihre Entscheidungen und eine sorgfältige Planung durchführen. Wenn Sie gründlich recherchieren und Zeit und Mühe in Ihre passiven Einkommensquellen investieren, können Sie langfristigen Erfolg und finanzielle Stabilität erreichen.

WIE SIE IHR PASSIVES EINKOMMEN DIVERSIFIZIEREN UND DAS RISIKO MINIMIEREN

Passives Einkommen kann eine großartige Möglichkeit sein, um finanzielle Freiheit zu erreichen, aber es gibt auch einige Risiken damit verbunden. Eine Möglichkeit, das Risiko zu minimieren, besteht darin, Ihr passives Einkommen zu diversifizieren. Durch die Diversifizierung Ihres passiven Einkommensportfolios können Sie sicherstellen, dass Sie nicht alle Eier in einen Korb legen und von verschiedenen Einkommensquellen profitieren können.

Hier sind einige Tipps, wie Sie Ihr passives Einkommen diversifizieren und das Risiko minimieren können:

1. Investieren Sie in verschiedene Arten von Anlagen
Es gibt viele Möglichkeiten, passives Einkommen zu generieren, wie zum Beispiel Aktien, Anleihen, Immobilien und Peer-to-Peer-Kredite. Indem Sie in verschiedene Arten von Anlagen investieren, verteilen Sie das Risiko und reduzieren die Chance, dass eine einzelne Einkommensquelle ausfällt.

2. Streuen Sie Ihr Einkommen auf verschiedene Plattformen
Wenn Sie beispielsweise in Peer-to-Peer-Kredite investieren, sollten Sie nicht alle Ihre Gelder auf eine einzige Plattform setzen. Diversifizieren Sie Ihr Portfolio auf verschiedene Plattformen, um die Wahrscheinlichkeit des Scheiterns einzelner Plattformen zu minimieren.

3. Nutzen Sie verschiedene Geschäftsmodelle
Es gibt mehrere Geschäftsmodelle, die Sie je nach Ihrer Nische und den Marktbedingungen verwenden können. Beispielsweise

können Affiliate-Marketing, E-Commerce, Dropshipping oder digitale Produkte eine gute Quelle für passives Einkommen sein. Aber setzen Sie nicht alle Ihre Eier in einen Korb, sondern testen Sie verschiedene Geschäftsmodelle und verwenden Sie diejenigen, die am besten funktionieren.

4. Vermieten Sie unterschiedliche Arten von Eigentum

Wenn Sie in Immobilien investieren, sollten Sie nicht nur auf eine einzige Art von Immobilien setzen, sondern verschiedene Arten von Eigentum vermieten, wie z.B. Wohnungen, Häuser, Gewerbeimmobilien oder Lagerhallen. Dadurch haben Sie ein breites Spektrum an Einkommensquellen und können das Risiko reduzieren.

5. Erstellen Sie Rücklagen

Es ist auch wichtig, Rücklagen zu haben, um mögliche Ausfälle in einer Ihrer Einkommensquellen zu überbrücken. Wenn Sie Ihr passives Einkommen diversifizieren, haben Sie ein breites Spektrum an Einkommensquellen, was bedeutet, dass Sie möglicherweise nicht so schnell eine Rücklage benötigen. Aber es ist immer gut zu wissen, dass Sie im Notfall darauf zugreifen können.

Fazit:

Die Diversifizierung Ihres passiven Einkommensportfolios ist eine großartige Möglichkeit, um das Risiko zu minimieren und von verschiedenen Einkommensquellen zu profitieren. Es gibt viele Möglichkeiten, passives Einkommen zu generieren und es erfordert einige Planung und Anstrengung, um ein passives Einkommen-Portfolio aufzubauen. Indem Sie sich auf mehrere Quellen konzentrieren, können Sie sicherstellen, dass Sie in guten und schlechten Zeiten finanziell stabil bleiben.

WIE SIE IHR PASSIVES EINKOMMEN AUTOMATISIEREN UND SKALIEREN KÖNNEN

Es gibt viele Möglichkeiten, passives Einkommen zu generieren. Wenn man jedoch erfolgreich sein möchte, ist es wichtig, Automatisierung und Skalierung in Erwägung zu ziehen. Die Automatisierung hilft, Zeit und Mühe zu sparen, während die Skalierung das Potenzial hat, Ihr passives Einkommen exponentiell zu steigern.

Hier sind einige Schritte, um Ihr passives Einkommen zu automatisieren und zu skalieren:

1. Identifizieren Sie Ihre rentabelsten Einkommensströme - Die Identifizierung Ihrer lukrativsten Einkommensquellen ist der erste Schritt, um Ihr passives Einkommen zu automatisieren und zu skalieren. Konzentrieren Sie sich auf die Einkommensströme, die den größten ROI (Return on Investment) erzielen.

2. Bestimmen Sie die geeignete Technologie - Um erfolgreich zu automatisieren und zu skalieren, benötigen Sie möglicherweise spezielle Tools oder Technologien. Bestimmen Sie die beste Technologie, um Ihre Einkommensströme zu automatisieren.

3. Automatisieren Sie Ihre Werbekampagnen - Wenn Sie im Affiliate-Marketing tätig sind oder andere Partnerprogramme nutzen, können Sie Ihre Partnerkampagnen automatisieren. Zum Beispiel, indem Sie automatisch E-Mails an Ihre Liste senden, die Ihren Partnerlink enthalten, um passive Einnahmen zu erzielen.

4. Nutzen Sie Skalierungstechniken - Um Ihr passives Einkommen zu erhöhen, müssen Sie Ihr Geschäft in großem Maßstab

betreiben. Nutzen Sie Skalierungstechniken wie Outsourcing, um Ihre persönliche Arbeitszeit zu reduzieren und mehr Zeit für geschäftsrelevante Aufgaben zu haben.

5. Verbessern Sie Ihre Konversionsrate - Sie können die Konversionsrate Ihrer Einkommensströme verbessern, indem Sie optimierte Landingpages, bessere Werbekampagnen oder eine höhere Qualität in Ihren Produkten und Dienstleistungen erstellen.

6. Erstellen Sie Marketing-Funnels - Erstellen Sie Verkaufstrichter, bei denen Sie Interessenten auf der Grundlage spezifischer demografischer Merkmale automatisch durch den Verkaufsprozess führen. Dies wird dazu beitragen, die Kundenbindung und die Verkaufszahlen für jeden spezifischen Einkommensstrom zu erhöhen.

7. Verwenden Sie Social Media Marketing - Wenn Sie Ihre Einkommensströme automatisieren und skalieren möchten, müssen Sie sicherstellen, dass Ihre Zielgruppe Ihre Inhalte sieht. Nutzen Sie Social Media, um Ihre Inhalte zu verbreiten und eine größere Reichweite zu erzielen.

Fazit: Automatisierung und Skalierung sind wichtige Schritte, die jeder beachten sollte, der passives Einkommen generieren möchte. Es erfordert zwar anfangs Arbeit und Zeit, jedoch wird sich das Ergebnis auf lange Sicht lohnen. Indem Sie diese Schritte befolgen, können Sie Ihr passives Einkommen auf eine höhere Ebene bringen.

SO STEIGERN SIE IHR PASSIVES EINKOMMEN KONTINUIERLICH: ERFOLGSSTRATEGIEN FÜR LANGFRISTIGES WACHSTUM

Wenn Sie sich dazu entschieden haben, passives Einkommen zu generieren, möchten Sie auch sicherstellen, dass diese Einkommensquelle langfristig stabil und wachsend ist. Es gibt einige Erfolgsstrategien, die Sie anwenden können, um Ihr passives Einkommen kontinuierlich zu steigern und langfristigen Wachstum zu erreichen.

1. Setzen Sie sich realistische Ziele: Wenn Sie beispielsweise Ihr passives Einkommen um 10% pro Jahr steigern möchten, sollten Sie einen Plan entwickeln, um dieses Ziel zu erreichen. Setzen Sie sich Meilensteine, mit denen Sie Ihre Fortschritte messen können, und passen Sie Ihren Plan entsprechend an.

2. Verbessern Sie bestehende Einkommensquellen: Wenn Sie bereits passive Einkommensquellen haben, können Sie diese verbessern, um mehr Einkommen zu generieren. Analysieren Sie beispielsweise Ihre Affiliate-Marketing-Links und optimieren Sie sie, um mehr Klicks und Verkäufe zu erzielen.

3. Skalieren Sie Ihre erfolgreichen Einkommensquellen: Wenn Sie eine Einkommensquelle haben, die sehr erfolgreich ist, sollten Sie in Betracht ziehen, sie zu skalieren. Erweitern Sie beispielsweise Ihre Inhalte oder investieren Sie mehr in Marketingaktivitäten, um mehr Traffic und Einkommen zu generieren.

4. Erweitern Sie Ihre Einkommensströme: Versuchen Sie, Ihr passives Einkommen auf verschiedene Einkommensströme

zu diversifizieren, um Ihr Risiko zu minimieren und das Einkommen insgesamt zu steigern. Betrachten Sie verschiedene Nischen, Branchen und Möglichkeiten, um Ihr Portfolio breiter aufzustellen.

5. Nutzen Sie technologische Fortschritte: Technologie entwickelt sich ständig weiter, und Sie sollten versuchen, diese zu Ihrem Vorteil zu nutzen. Betrachten Sie beispielsweise neue Plattformen oder Tools, um Ihre Einkommensquellen zu optimieren und zu automatisieren.

6. Investieren Sie in sich selbst: Machen Sie sich zum Experten auf Ihrem Gebiet, indem Sie sich kontinuierlich weiterbilden und neue Fähigkeiten erlernen. Wenn Sie mehr Wissen und Erfahrung haben, können Sie Ihre Einkommensströme besser verstehen und effektivere Entscheidungen treffen.

7. Bleiben Sie motiviert und engagiert: Passives Einkommen erfordert Zeit, Geduld und Durchhaltevermögen. Bleiben Sie motiviert, fokussiert und engagiert, um Ihre Ziele zu erreichen und langfristigen Erfolg zu erzielen.

Indem Sie diese Strategien anwenden, können Sie kontinuierliches Wachstum Ihres passiven Einkommens erreichen und finanzielle Freiheit langfristig erreichen.

PASSIVES EINKOMMEN FÜR KREATIVE KÖPFE: WIE SIE AUS IHRER LEIDENSCHAFT EINE EINKOMMENSQUELLE MACHEN KÖNNEN

Haben Sie eine Leidenschaft, die Sie gerne in eine Einkommensquelle umwandeln möchten? Wenn Sie kreativ sind und Ihre Hobbys gerne in ein Unternehmen umwandeln möchten, haben Sie eine Menge Möglichkeiten, passives Einkommen zu generieren.

Es ist Zeit, Ihrer Kreativität freien Lauf zu lassen, und herauszufinden, wie Sie Ihre Hobbys und Fähigkeiten in eine lohnende Einkommensquelle verwandeln können. Hier sind einige Ideen, wie Sie Ihr kreatives Talent in passives Einkommen umwandeln können:

1. Kunstwerke verkaufen: Wenn Sie gerne malen oder zeichnen, können Sie Ihre Kunstwerke online verkaufen. Hierfür gibt es Plattformen wie Etsy, die Sie nutzen können. Sie können auch eigene Online-Stores erstellen und damit Ihr passives Einkommen generieren.

2. Schreiben Sie ein Buch: Wenn Sie gerne schreiben, sollten Sie über das Schreiben eines E-Books nachdenken. Sie können Ihre eigenen Erfahrungen, Interessen oder Fähigkeiten teilen und dabei Geld verdienen.

3. YouTube-Videos erstellen: Sie können in Ihrer Freizeit Videos erstellen, die Ihre Hobbys, Fähigkeiten oder Interessen zeigen und diese auf einer YouTube-Plattform hochladen. Wenn Sie

bereit sind, Zeit und Mühe zu investieren, können Sie eine große Zuschauerzahl erreichen und damit passives Einkommen in Form von Werbeeinnahmen generieren.

4. Podcasts erstellen: Wenn Sie gerne sprechen und einen Einblick in Ihre Erfahrungen und Interessen teilen möchten, können Sie einen Podcast erstellen. Es gibt Werbemöglichkeiten wie bezahlte Sponsorships, um Ihr Einkommen zu erhöhen.

5. Verkaufen Sie Online-Kurse: Wenn Sie ein Experte auf Ihrem Gebiet sind, können Sie Online-Kurse erstellen und diese auf Plattformen wie Udemy oder Teachable verkaufen. Es handelt sich um passive Einkommensquellen, durch die Ihr Einkommen kontinuierlich auf lange Sicht steigen kann.

6. Erstellen Sie digitale Produkte: Digitale Produkte wie E-Books, Printables oder Online-Kurse ermöglichen Ihnen, Ihre Fähigkeiten und Erfahrungen zu teilen und zu monetarisieren, ohne ein physisches Produkt erstellen zu müssen.

7. Affiliate-Marketing: Wenn Sie eine große Fangemeinde haben oder eine große Online-Präsenz aufweisen, können Sie Produkte empfehlen, die Sie lieben und dabei Geld verdienen. Unternehmen zahlen dafür oft eine Provision, wenn Ihre Empfehlungen zu Käufen führen.

Abschließend lässt sich sagen, dass das Internet eine Vielzahl von Möglichkeiten bietet, um passives Einkommen zu generieren. Wenn Sie kreativ sind und Ihre Leidenschaft in eine Einkommensquelle umwandeln möchten, gibt es viele Wege, die Sie einschlagen können. Durch die Umsetzung dieser Ideen können Sie eine passive Einkommensquelle schaffen und somit Ihre finanzielle Freiheit erlangen. Werden Sie also kreativ und lassen Sie Ihr Hobby Ihr Karriereweg sein.

WARUM SIE EIN TEAM AUFBAUEN SOLLTEN, UM IHR PASSIVES EINKOMMEN ZU MAXIMIEREN

Die Idee des passiven Einkommens klingt verlockend: Geld verdienen, ohne dass man aktiv dafür arbeiten muss. Allerdings bedeutet das nicht, dass es keine Arbeit erfordert, um passives Einkommen zu generieren. Während es möglich ist, alleine erfolgreich zu sein, kann die Hilfe eines Teams den Unterschied zwischen einem durchschnittlichen und einem erfolgreichen passiven Einkommen ausmachen.

Ein Team aus kompetenten und zuverlässigen Partnern, Kollegen oder Freelancern kann dazu beitragen, dass der Prozess des passiven Einkommens reibungsloser und effektiver wird. Aber warum ist das so wichtig?

Erstens können sich durch ein Team die Einnahmequellen diversifizieren, was dazu führt, dass Risiken minimiert werden. Wenn eine Einkommensquelle ausfällt, haben Sie dank des Teams immer noch andere Einnahmequellen, die Ihnen helfen können, über Wasser zu bleiben.

Zweitens können Sie durch ein Team Ihre Fähigkeiten und Kompetenzen erweitern. Wenn Sie beispielsweise mit anderen Personen zusammenarbeiten, die unterschiedliche Kompetenzen haben, können Sie voneinander lernen, gegenseitig unterstützen und sich zu Experten in einem bestimmten Bereich entwickeln, was dazu beitragen kann, das Einkommen zu maximieren. Ein Team kann auch dazu beitragen, dass Sie sich regelmäßig austauschen, sich gegenseitig motivieren und dadurch das

Wachstum Ihrer Einkommensströme fördern.

Drittens können Sie mit einem Team skalieren und mehr Einkommen generieren. Wenn Sie mit anderen Personen zusammenarbeiten, können Sie Ihre Angebote erweitern und verschiedene Produkte oder Dienstleistungen anbieten, die auf die Bedürfnisse Ihrer Zielgruppe abgestimmt sind. Sie können auch neue Marketingstrategien und Plattformen erkunden, um Ihre Reichweite und Ihr Publikum zu erweitern.

Es gibt viele Wege, ein Team aufzubauen, um das Ziel des passiven Einkommens zu erreichen. Sie können beispielsweise Freiberufler beauftragen, um bestimmte Aufgaben auszulagern, oder Partner suchen, die in einem ähnlichen Bereich tätig sind, um zusammen neue Einkommensquellen zu erschließen.

Ein Team aufzubauen bedeutet auch, dass Sie bereit sein müssen, Verantwortung zu übernehmen und zu delegieren. Sie sollten sicherstellen, dass Sie Menschen in Ihrem Team mit den richtigen Fähigkeiten und Erfahrungen haben und dann ihre Arbeit vertrauensvoll überwachen, delegieren und kritisieren. Seien Sie offen für Feedback und bilden Sie Vertrauen, das dazu beiträgt, dass die Zusammenarbeit reibungsloser verläuft.

Zusammenfassend lässt sich sagen, dass ein Team dazu beitragen kann, Ihr passives Einkommen zu diversifizieren, Ihre Fähigkeiten und Erfahrungen zu erweitern und Ihnen helfen kann, zu skalieren und mehr Einkommen zu generieren. Das Bauen eines Teams kann eine Herausforderung sein, aber es kann auch eine der besten Entscheidungen für Ihr passives Einkommensprojekt sein. Arbeiten Sie mit anderen zusammen, um Ihre Chancen auf langfristigen Erfolg und finanzielle Freiheit zu maximieren.

DIE VORTEILE VON PASSIVEM EINKOMMEN FÜR IHRE GESUNDHEIT UND IHR WOHLBEFINDEN: WIE SIE SICH ZEIT FÜR SICH SELBST NEHMEN KÖNNEN

Passives Einkommen ist nicht nur eine Möglichkeit, finanzielle Freiheit zu erlangen, sondern es kann auch zu einem besseren Leben und Wohlbefinden führen. Wenn Sie passives Einkommen haben, können Sie Ihr Leben in vielerlei Hinsicht verbessern und Zeit für sich selbst und Ihre Gesundheit nehmen. In diesem Kapitel werden wir über die Vorteile von passivem Einkommen für Ihre Gesundheit und Ihr Wohlbefinden sprechen und wie Sie die zusätzliche Zeit nutzen können, die Sie durch passives Einkommen gewonnen haben.

Zunächst einmal können Sie, wenn Sie passives Einkommen haben, Ihre Arbeitszeit reduzieren und sich mehr auf Ihre Gesundheit und Ihr Wohlbefinden konzentrieren. Sie können sich Zeit nehmen, um morgens zu meditieren, Yoga zu machen oder einen Spaziergang zu unternehmen. Sie können sich auch mehr Zeit zum Kochen von gesunden Mahlzeiten nehmen, anstatt schnell etwas zu kaufen oder sich von Fertiggerichten zu ernähren.

Durch passives Einkommen können Sie auch mehr Zeit mit Ihrer Familie und Freunden verbringen, was zu einem besseren sozialen Leben führt. Sie können sich aussuchen, welche Aktivitäten Sie mit ihnen unternehmen möchten, anstatt ständig durch Ihre

Arbeit eingeschränkt zu sein. Außerdem können Sie Ihre Arbeit auf Reisen mitnehmen oder von zu Hause aus arbeiten, was Ihnen die Möglichkeit gibt, an Orten zu leben, die Ihnen gefallen und Ihnen mehr Entspannung bieten.

Passives Einkommen kann auch zu einem besseren Schlaf beitragen. Wenn Sie sich keine Sorgen darüber machen müssen, wie Sie Ihre Rechnungen bezahlen oder wie viel Sie verdienen werden, können Sie sich entspannen und erholsamer schlafen. Eine gute Nachtruhe kann wiederum zu besserer Gesundheit und mehr Energie führen, die Sie in andere wichtige Dinge investieren können.

Letztendlich kann passives Einkommen zu mehr Freiheit und Unabhängigkeit führen. Sie müssen keine übermäßige Zeit aufwenden, um Ihre Finanzen und Arbeitsverhältnisse zu regeln. Stattdessen können Sie Ihre Zeit nutzen, um Ihre Leidenschaften zu verfolgen und zu tun, was Sie lieben.

Wenn Sie sich Gedanken darüber gemacht haben, wie Sie Ihr Leben durch mehr Passiveinkommen verbessern können, könnte dies eine großartige Option für Sie sein. Denken Sie darüber nach, wie Sie die zusätzliche Zeit, die Sie durch passives Einkommen gewonnen haben, nutzen können. Fokussieren Sie sich auf Ihre Gesundheit und Ihr Wohlbefinden und setzen Sie sich für ein besseres Leben ein.

DIE HERAUSFORDERUNGEN BEIM GENERIEREN VON PASSIVEM EINKOMMEN - UND WIE SIE DIESE MEISTERN KÖNNEN

Kapitel 18: Die Herausforderungen beim Generieren von passivem Einkommen - und wie Sie diese meistern können

Die Idee, passives Einkommen zu generieren, klingt zunächst verlockend. Aber es gibt auch einige Herausforderungen, die bei der Umsetzung auftreten können. Wenn Sie jedoch wissen, was auf Sie zukommt, können Sie sich darauf vorbereiten und diese Hindernisse erfolgreich meistern.

Eine der Herausforderungen beim Aufbau passiver Einkommensströme sind zeitliche Einschränkungen. Auch wenn es sich bei passivem Einkommen um eine Möglichkeit handelt, Geld zu verdienen, ohne ständig zu arbeiten, müssen Sie in der Anfangsphase viel Zeit investieren. Es kann einige Zeit dauern, bis Sie Ihre Nische gefunden und Ihre Einkommensströme aufgebaut haben. Ein gewisses Maß an Geduld und Durchhaltevermögen ist hierbei unerlässlich.

Eine weitere Herausforderung ist es, die richtigen Einkommensquellen zu finden, die Ihren Bedürfnissen und Zielen entsprechen. Es gibt viele verschiedene Möglichkeiten, passives Einkommen zu verdienen, aber nicht alle passen zu jedem. Sie müssen Ihr Wissen und Ihre Fähigkeiten evaluieren und entscheiden, welche Methode am besten zu Ihnen passt. Es ist wichtig, dass Sie sich nicht nur auf eine Einkommensquelle verlassen, sondern diversifizieren, um ein stabileres Einkommen zu haben. Dazu gehört auch, Risiken zu minimieren.

Das Management von passivem Einkommen erfordert auch einige organisiatorische Fähigkeiten. Sie müssen Ihre Einkommensströme verfolgen, wissen, wann Sie in verschiedene Einkommensquellen investieren müssen und wann Sie diese fallen lassen sollten. Darüber hinaus müssen Sie sich über Änderungen in den Interessen und Bedürfnissen Ihrer Zielgruppe auf dem Laufenden halten und diese in Ihre Strategien einbeziehen.

Eine weitere wichtige Herausforderung beim Generieren von passivem Einkommen ist die Fähigkeit, sich zu motivieren. Wenn Sie keine klaren Ziele vor Augen haben, kann es schwierig sein, sich davon zu überzeugen, Zeit und Energie in die Schaffung von passivem Einkommen zu investieren. Es ist wichtig, Ihr Ziel regelmäßig zu überprüfen und sich von Ihren Fortschritten motivieren zu lassen. Belohnungen können Ihnen auch helfen, auf dem richtigen Weg zu bleiben.

Schließlich gibt es eine häufig übersehene Herausforderung beim Generieren von passivem Einkommen: die Wahrung Ihrer Gesundheit und Ihres Wohlbefindens. Obwohl Sie anfangs viel Zeit investieren müssen, sollten Sie darauf achten, nicht mehr zu arbeiten, als Sie können oder sollten. Dies kann in der anfänglichen Aufbauphase notwendig sein, aber es ist wichtig, dass Sie sich Zeit für sich selbst und Ihre Lieben nehmen und auf Ihre körperliche und geistige Gesundheit achten.

Zusammenfassend lässt sich sagen, dass es beim Aufbau von passivem Einkommen einige Herausforderungen gibt, aber diese können erfolgreich gemeistert werden, wenn Sie die richtigen Strategien anwenden. Mit der richtigen Planung, Motivation und Ausdauer können Sie langfristigen Erfolg und finanzielle Freiheit erreichen.

WIE SIE IHRE PASSIVE EINKOMMENSSTRATEGIE ANPASSEN, UM MIT DEN SICH ÄNDERNDEN ZEITEN SCHRITT ZU HALTEN

Passives Einkommen kann ein lebensveränderndes Konzept sein, aber es ist kein Garant für finanzielle Sicherheit. Wie bei jeder Investition kann es schwankende Ergebnisse geben, und es gibt auch Trends und Entwicklungen, die sich auf passive Einkommensquellen auswirken können.

Deshalb ist es wichtig, Ihre passive Einkommensstrategie kontinuierlich zu überwachen und anzupassen, um sicherzustellen, dass Sie mit den sich ändernden Zeiten Schritt halten und langfristige Sicherheit gewährleisten.

Hier sind einige Tipps zur Anpassung Ihrer passiven Einkommensstrategie:

1. Überwachen Sie Markt trends und Entwicklungen

Es ist wichtig, auf den Markt zu achten und zu verstehen, wie sich Trends und Entwicklungen auf Ihre passiven Einkommensquellen auswirken können. Wenn Sie z. B. in eine Immobilie investiert haben, könnte eine rezessionsbedingte Marktschwankung den Wert Ihrer Investition beeinträchtigen. Überwachen Sie daher regelmäßig die Märkte und passen Sie Ihre Strategie entsprechend an.

2. Suchen Sie nach neuen Möglichkeiten

Möglicherweise gibt es neue passive Einkommensquellen, die auf dem Markt entstehen, auf die Sie noch nicht gestoßen sind. Halten Sie stets Ausschau nach neuen Möglichkeiten, die sich aus den aktuellen Marktbedingungen ergeben können.

3. Diversifizieren Sie Ihre Einkommensströme

Diversifizierung ist ein wichtiger Faktor bei der Anpassung Ihrer passiven Einkommensstrategie. Streuen Sie Ihre Investitionen in verschiedene passive Einkommensquellen, um das Risiko zu minimieren. Wenn eine Quelle versagt, können andere Einkommensströme helfen, Verluste aufzufangen.

4. Passen Sie Ihre Strategie den veränderten Umständen an

Es gibt Zeiten, in denen sich Ihre Umstände ändern können. Wenn z. B. Ihre finanzielle Situation eine drastische Änderung erfährt, ist es vielleicht erforderlich, Ihre passive Einkommensstrategie anzupassen. Möglicherweise müssen Sie auch Änderungen vornehmen, um neue Ziele zu erreichen.

5. Bleiben Sie flexibel

Ihre passive Einkommensstrategie sollte flexibel genug sein, um Änderungen auf dem Markt anzupassen. Wenn Sie dies tun, können Sie sich besser an neue Entwicklungen anpassen und langfristig erfolgreich sein.

Schlussfolgerung: Ihre passive Einkommensstrategie kontinuierliche Anpassung ist entscheidend, um langfristige finanzielle Stabilität und Sicherheit zu gewährleisten. Überwachen Sie Ihre passive Einkommensquellen regelmäßig, suchen Sie nach neuen Möglichkeiten und bleiben Sie flexibel, um Änderungen schnell und effektiv umzusetzen.

SCHRITT FÜR SCHRITT ZUR FINANZIELLEN UNABHÄNGIGKEIT: PLANEN SIE IHR PASSIVES EINKOMMEN FÜR EINE SICHERE ZUKUNFT

Die finanzielle Unabhängigkeit ist der Traum vieler Menschen, und passives Einkommen kann dazu führen, dass dieser Traum Wirklichkeit wird. Doch wie können Sie Schritt für Schritt planen, um dieses Ziel zu erreichen?

1. Setzen Sie sich ein Ziel: Bevor Sie anfangen, Ihre passive Einkommensstrategie zu planen, sollten Sie sich klare Ziele setzen. Was möchten Sie mit Ihrem passiven Einkommen erreichen? Wie viel Einkommen möchten Sie erreichen? Schreiben Sie alle Ihre Ziele auf und stellen Sie sicher, dass sie realistisch und erreichbar sind.

2. Identifizieren Sie Ihre Einkommensquellen: Identifizieren Sie die verschiedenen Einkommensquellen, aus denen Sie passives Einkommen generieren können. Basierend auf Ihren Fähigkeiten, Ihrer Erfahrung und Ihrem Interesse können Sie sich für eine oder mehrere Einkommensquellen entscheiden, die am besten zu Ihnen passen.

3. Erstellen Sie einen Finanzplan: Ermitteln Sie, wie viel Kapital Sie benötigen, um Ihre passive Einkommensstrategie zu starten, und erstellen Sie einen Finanzplan. Berücksichtigen Sie dabei auch Ihre laufenden Kosten und eventuelle Risiken, um sicherzustellen, dass Sie finanziell abgesichert sind.

4. Anlegen Ihres Geldes: Um Ihre finanzielle Unabhängigkeit zu

erreichen, müssen Sie Ihr Geld klug anlegen. Suchen Sie nach Risiken, die es wert sind, eingegangen zu werden, um eine Rendite zu erzielen, die es Ihnen ermöglicht, Ihr passives Einkommen aufzubauen.

5. Automatisieren Sie Ihre Einkommensströme: Ein passives Einkommen muss nicht viel Arbeit erfordern, aber es erfordert eine kluge Konzeption. Automatisieren Sie Ihre Einkommensströme, um sicherzustellen, dass Sie Ihre Zeit damit verbringen, an Ihren geschäftlichen Angelegenheiten zu arbeiten, anstatt sich um die Administration Ihrer Einkommensquellen zu kümmern.

6. Nutzen Sie die Möglichkeit einer Nische: Durch das Finden einer Nische können Sie Ihren Gewinn maximieren. Das heißt, Sie können Ihre Zielgruppe in einer bestimmten Nische finden und Ihnen ein Angebot machen, das auf diese Gruppe zugeschnitten ist.

7. Diversifizieren Sie Ihre Einkommensströme: Je mehr Einkommensquellen Sie haben, desto sicherer ist Ihr passives Einkommen. Diversifizieren Sie Ihre Einkommensströme und verwenden Sie verschiedene Einkommensquellen, um sicherzustellen, dass Sie in jeder Hinsicht finanziell geschützt sind.

8. Stellen Sie sicher, dass Ihr passives Einkommen nachhaltig ist: Bevor Sie mit Ihrem passiven Einkommen beginnen, sollten Sie sich fragen, ob es eine nachhaltige Einkommensquelle ist. Überlegen Sie, ob die Einkommensquelle langfristig erfolgreich ist oder ob sie nur vorübergehend lukrativ ist.

9. Verfolgen Sie Ihre Fortschritte: Wenn Sie Ihre passiven Einkommensstrategien starten, sollten Sie regelmäßig überprüfen, wie diese sich entwickeln. Verfolgen Sie Ihre Fortschritte und optimieren Sie die Strategien, die funktionieren, und passen Sie diejenigen an, die nicht so erfolgreich sind.

10. Bleiben Sie konsequent: Schließlich ist der Aufbau eines passiven Einkommens keine kurzfristige Angelegenheit. Es erfordert Zeit und Engagement, um ein nachhaltiges, passive Einkommen aufzubauen. Haben Sie Geduld und bleiben Sie konsequent, indem Sie Ihre Strategie weiterhin verbessern und Ihren Fokus auf Ihre Ziele richten.

Fazit

Die Planung Ihres passiven Einkommens ist ein wichtiger Schritt auf dem Weg zur finanziellen Unabhängigkeit. Indem Sie Schritt für Schritt vorgehen, eine kluge Strategie entwerfen und Ihre Einkommensströme diversifizieren, können Sie langfristig ein nachhaltiges passives Einkommen aufbauen.

www.ingramcontent.com/pod-product-compliance
Lightning Source LLC
Chambersburg PA
CBHW071118220526
45467CB00004B/1940